জিরাফ

giraffe

ক্যাঙ্গারু

känguru

বাগ

fehler

বানর

affe

অক্টোপাস

tintenfisch

খরগোশ

hase

হাঙ্গর
hai

বাঘ
tiger

চমর
yak

জেব্রা
zebra

নক্র
alligator

কুকুর
hund

তোতাপাখি
papagei

পশুদের
tiere

মেষ
schaf

কীট
wurm

পিপীলিকা
ameise

বিড়াল
katze

হরিণ	হাতি

hirsch	elefant

মাছ	মুরগি

fisch	henne

গোধা	সিংহ

leguan	löwe

আঁচিল

maulwurf

পেঁচা

eule

শূকর

schwein

গৃহপালিত

hahn

শামুক

schnecke

তুরস্ক

truthahn

তিমি

wal

মৌমাছি

biene

হাঁস

ente

বনমানুষ

gorilla

ভালুক

bär

পাখি

vogel

চিকেন

hähnchen

গাভী

kuh

কাঁকড়া

krabbe

ঘোড়া

pferd

বিড়ালছানা

kätzchen

কাঠবিড়ালি

eichhörnchen

প্রজাপতি

schmetterling

উট

kamel

শুশুক

delphin

গল

adler

মেয়ে

küken

শিয়াল

fuchs

বেঙ
frosch

ছাগল
ziege

জলহস্তী
nilpferd

পান্ডা
panda

কুকুরছানা
hündchen

ইঁদুর
mäuse

পেংগুইন

pinguin

সাপ

schlange

মাকড়সা

spinne

কচ্ছপ

schildkröte

নেকড়ে

wolf

মাছি

fliegt

পোকা

insekt

কোয়ালা

koala

বটের

wachtel

ইঁদুর

ratte

দিতে না পারা

stinktiere

চিতাবাঘ

gepard

টিকটিকি

eidechse

ঘোটকী

stute

উটপাখী

strauß

ঝিনুক

auster

পেলিক্যান্

pelikan

পায়রা

taube

বল্গাহরিণ

rentier

রাজহাঁস

schwan

বেঙ

kröte

শকুনি

geier

সিন্ধুঘোটক

walross

ঝিনুক

muschel

বন্য শূকর

eber

হাঁটু

knie

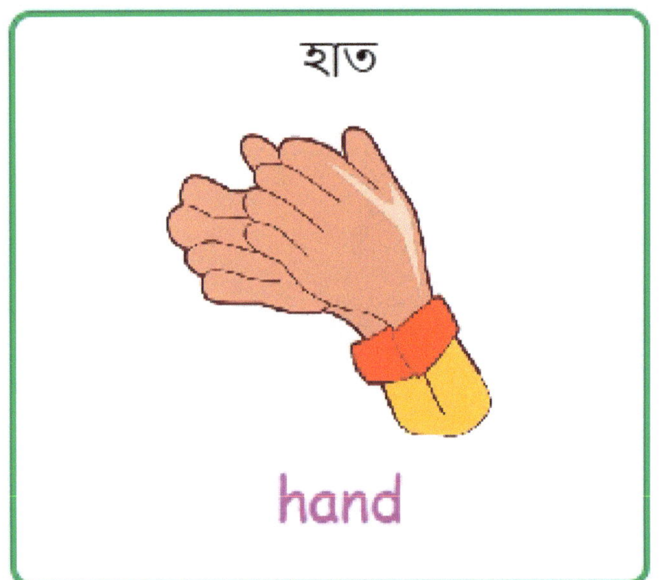

হাত

hand

চোখ

auge

মাথা

kopf

পাগুলো

beine

চুল

haar

কান

ohren

আঙ্গুল

finger

নাক

nase

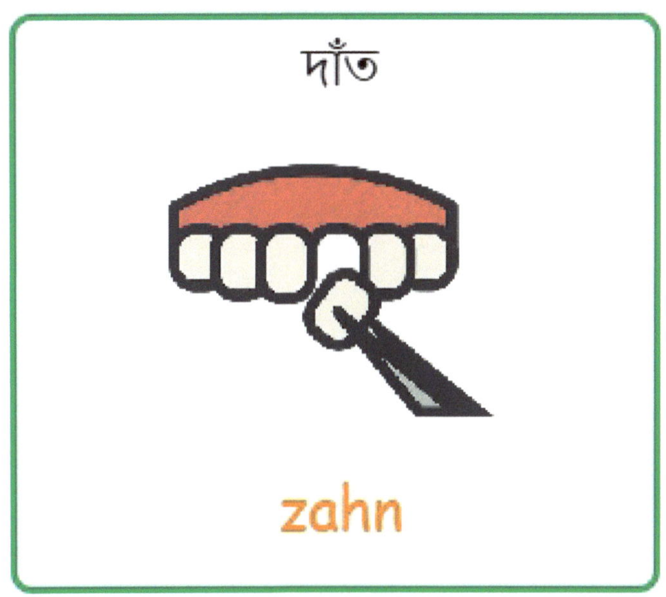

দাঁত

zahn

অংস

schulter

বাহু

arm

bart

থুতনি

kinn

কনুই

ellbogen

মুখ

gesichter

মুখ

mund

ঘাড়	অঙ্গুষ্ঠ

hals	daumen
জিহ্বা	পেশী

zunge	muskel
নিতম্ব	শরীর

hüfte	karosserie

আইসক্রিম

eis

জ্যাম

marmelade

তরমুজ

wassermelone

পিষ্টক

kuchen

কমলা

orange

দই

joghurt

লেবু

zitrone

দুধ

milch

নাশপাতি

birnen

আপেল

apfel

রুটি

brot

নারিকেল

kokosnuss

ব্রোকলি

brokkoli

ডাল

erbsen

সালাদ

salat

কাঁচা মরিচ

chili

চেরি

kirsche

কলা

banane

স্ট্রবেরি

erdbeere

আনারস

ananas

শিম

bohne

মিছরি

süßigkeiten

হ্যাম

schinken

রস

saft

কিউই
kiwi

মাংস
fleisch

বাদাম
nüsse

পেঁয়াজ
zwiebel

কেচাপ
ketchup

পনির
käse

দ্রাক্ষা

traube

গাজর

karotte

পুডিং

pudding

নুডলস

nudeln

চিনাবাদাম

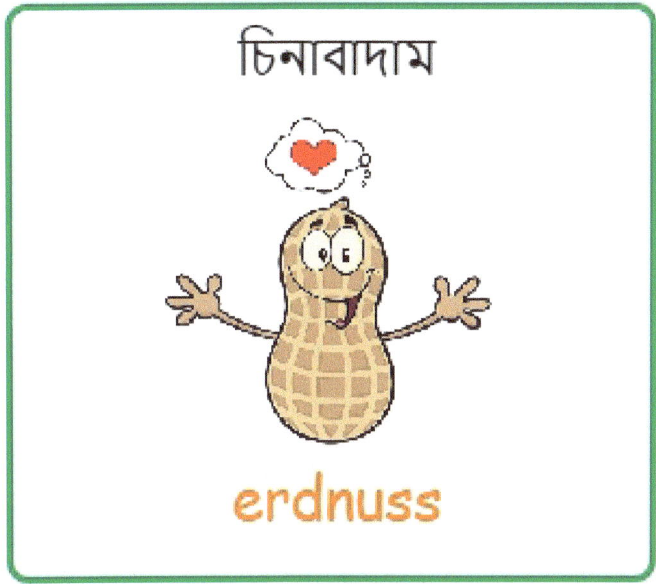

erdnuss

আলু

kartoffel

সেটক

steak

ডোনাট

donuts

শাকসবজি

gemüse

সসেজ

wurst

পাই

kuchen

মধু

honig

সুপ

suppe

আভাকাডো

avocado

চকলেট

schokolade

পিজ্জা

pizza

টমেটো

tomate

বেগুন

auberginen

শসা

gurke

জাম্বুরা

grapefruit

স্যান্ডউইচ

sandwiches

পীচ

pfirsich

ডিম

eier

বরই

pflaume

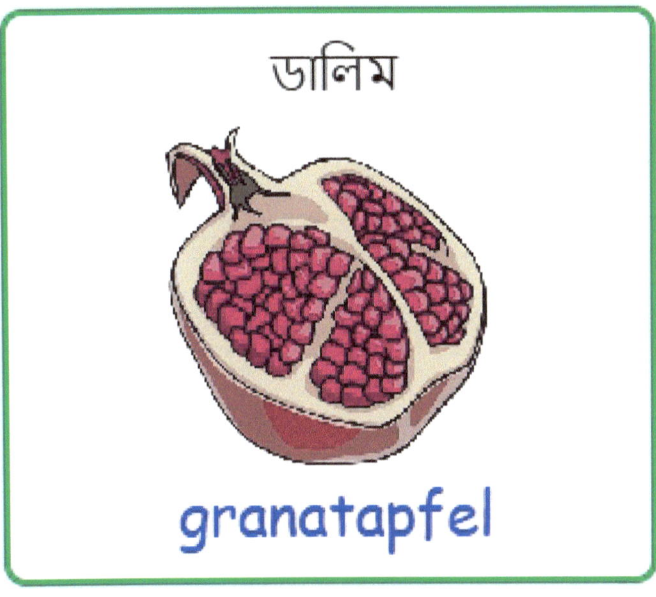

ডালিম

granatapfel

ফলবিশেষ

himbeere

মানডারিন

mandarine

গম

weizen

মিষ্ট রুটি

plätzchen

মাশরুম

pilz

শালগম	তক্ বৃক্ষের ফল

rübe	eicheln
ভূট্টা	বাচ্চা

mais	baby
রাজা	কিডস

könig	kinder

রাণী

königin

ছেলে

junge

ভাই

bruder

শিশু

kinder

কৃষক

farmer

পিতা

vater

মেয়ে

mädchen

মানুষ

mann

মা

mutter

ডাইনিদের

hexen

বোন

schwester

নাপিত

barbier

বন্ধু

freund

ডাক্তার

arzt

নার্স

schwester

ঐন্দ্রজালিক

zauberer

ফটোগ্রাফার

fotograf

জলদসুয

pirat

পাচক

koch

ফেরেশতা

engel

নাইট

ritter

মৎসকন্যা

nixe

রাজকুমারী

prinzessin

শিক্ষক

lehrer

বাবা

papa

শিল্পী

künstler

সুরকার

musiker

কসাই

metzger

নেতাদের

führer

ব্যবস্থাপক

manager

রাজনীতিজ্ঞ	তাকে

politiker	**ihm**
রুটিওয়ালা	হরণ করা

bäcker	**rauben**
সূত্রধর	পুলিশ

zimmermann	**polizist**

ওয়েটার	পুলিশ

kellner	**polizist**
খুব ছোট	মা

kleinkinder	**mama**
দাসী	বিমান

maid	**flugzeug**

গাড়ী

auto

স্কুটার

roller

সাইকেল

fahrrad

অগ্রদূত

van

বাস

bus

সাইকেল

fahrrad

ট্রেন

züge

ট্রাক

lastwagen

জীপ

jeeps

ট্যাক্সি

taxi

কামরা

wagen

রকেট

rakete

ক্ষুদ্র শৈল

karren

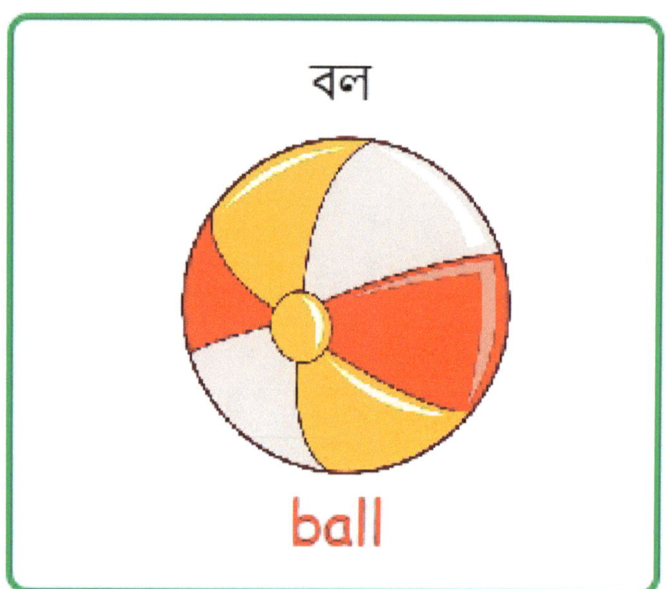

বল

ball

পতাকা

flagge

চাটু

schwenken

দানি

vase

গামছা

handtuch

থলে
tasche

জলপাত্র
krug

ব্যাকপ্যাক
rucksack

নীড়
nest

গাছ
baum

ছাতা
regenschirm

আগ্নেয়গিরি	নোঙ্গর

vulkan	**anker**
সুতা	জিপার

garn	**reißverschluss**
কলার	আয়না

kragen	**spiegel**